BIBLIOGRAPHIE.

Pages inédites d'histoire provinciale.

ANNALES

de la ville de

VERDUN-SUR-SAONE ET DOUBS,

EN BOURGOGNE,

PAR

J.-P. Abel JEANDET (DE VERDUN),

Auteur de Pontus de Tyard

(*Ouvrage couronné*).

Fragments publiés dans la Revue des Provinces, 1865.

1866.

CHALON-SUR-SAÔNE, IMPRIMERIE SORDET-MONTALAN,

Rue Fructidor.

EXTRAIT DU *Courrier de Saône-et-Loire.*

26ᵐᵉ année. — Jeudi 26 avril 1866. — Nᵒ 2,785.

ANNALES

DE LA

VILLE DE VERDUN-SUR-SAONE ET DOUBS.

M. Edouard Fournier, le savant ingénieux, et le poète aimable que l'on connaît, dirige, depuis plusieurs années, une publication périodique, digne de toutes nos sympathies. La *Revue des Provinces*, porte-drapeau de la décentralisation intellectuelle, s'est donné la mission de signaler les œuvres écloses dans les départements, et de détruire cette fausse idée que, hors de Paris, il n'est pas de salut pour les écrivains. Cette Revue poursuit vaillamment la tâche entreprise, et par la variété et la valeur de ses articles, qu'ils émanent de la province ou qu'ils en célèbrent les illustrations, a su prouver l'efficacité de son idée généreuse. Nous applaudissons à cette tentative qui peut rendre les plus grands services, et qui mérite tous les encouragements.

Parmi les pages consacrées aux souvenirs historiques, les lecteurs ont remarqué une série d'études dues à la plume de notre compatriote M. Abel Jeandet, sur Verdun, son pays natal, et qui ne sont que des fragments de l'histoire de cette ville qu'il s'apprête à publier bientôt (*).

Nous nous sentons pris d'une sympathie voisine de l'admiration, pour des écrivains qui, sans aide, sans appui, privés des richesses qu'offrent aux savants, non-seulement de la capitale, mais encore des grands centres littéraires, les archives et les bibliothèques, entreprennent des travaux semblables à celui-là. C'est une tâche noble mais difficile que d'arracher à l'oubli, la part de gloire acquise par les ancêtres. Il faut pour reconstruire le monument abattu, réunir les matériaux épars et vermoulus que le temps a dispersés. Il faut fouiller les cartulaires, interroger les in-folios, compulser les parchemins poudreux, tirer pour ainsi dire du néant et reconstituer ces débris déchirés et perdus pour la plupart du grand livre du passé. Ce premier travail n'est rien encore. Il reste à le mettre en œuvre, à lui communiquer l'éclat et la vie. Que de peines et de soins! Donner aux développements une juste proportion, ne point exagérer l'importance des faits secondaires, ne point s'égarer dans l'histoire générale, éviter la sécheresse et l'emphase, être ému, sans être

(*) Cette histoire, qui paraîtra en 1866, formera un beau volume, grand in-8° d'au moins 500 pages, orné de trois plans de Verdun, des sceaux des anciens seigneurs et gouverneurs, ainsi que de plusieurs portraits.

partial, faire partager à ses lecteurs l'intérêt qui vous saisit et l'enthousiasme qui vous échauffe, je ne fais qu'indiquer les conditions générales d'un tel travail. Le livre fait, l'écrivain est trop heureux s'il n'est pas dédaigné par les savants parisiens, et s'il rencontre dans le cercle de ses compatriotes, autre chose que des indifférents, et des détracteurs incompétents.

Cette fois nous espérons mieux pour le sujet de cette étude. Il nous touche directement, et M. Abel Jeandet l'a traité d'une façon de tous points remarquable.

M. Jeandet a consacré vingt années de sa vie à l'édification de ce monument filial, et nous le remercions de nous avoir permis d'en admirer une partie, en attendant qu'il nous soit donné de le pouvoir contempler dans son ensemble. Selon sa belle expression « il convie ses concitoyens au culte pieux des ancêtres et de la terre natale, qui emplit son cœur. »

Le travail renfermé dans la Revue en occupe six numéros, et va de 1600 à 1642. C'est en petit l'histoire de la Bourgogne, avec Verdun pour centre et pour foyer, sans qu'une importance trop grande soit donnée à la ville elle-même. Quelle tristesse immense vous envahit devant cette période de misère qui n'est qu'un long martyrologe. Tous les maux sévissent sur les populations infortunées et rien ne vous consolerait si l'on n'avait pour respirer et reposer son âme l'exemple des vertus héroïques qu'inspira cette époque de luttes sanglantes, et les efforts d'une énergie civique plus grande que les événements.

Pauvre petite ville de Verdun ! à peine remise des épreuves de la Ligue, elle retombe dans de pires épreuves. Les inondations rompent ses digues et emportent ses récoltes six fois en douze ans. Celle de 1602 fut aussi terrible que celle de 1840. La gelée *brûle* ses vignes, en 1610 le vin vaut douze sols la pinte, quand d'ordinaire il ne valait qu'un sol. En 1628, la peste la ravage. Ajoutez aux rigueurs de la nature les impôts qui l'épuisent et la réduisent aux abois, et les garnisons qui la pressurent.

L'auteur raconte avec une vigoureuse indignation les exactions de ces soudards qui, sous le prétexte de protéger les villes les mettaient à contribution et en étaient la désolation et la ruine. Aussi, Dijon, dont l'un des plus précieux priviléges était l'exemption de garnison, déclarait au duc de Mayenne par l'organe de son conseil de ville, en 1595, que les habitants étaient disposés à mourir plutôt que de souffrir l'insolence des gens de guerre. A Verdun, aux gendarmes du duc de Bellegarde, succèdent les lansquenets du duc d'Hallevin, et c'est tomber de mal en pis.

Enfin, voici la guerre, une guerre implacable et barbare. Le grand épisode qui domine ce récit est le siége de

Verdun avec ses tragiques préliminaires, l'héroïque défense de ses citoyens et ses suites épouvantables, mais glorieuses.

Les Impériaux, après avoir brûlé Chaussin et laissé des traces sanglantes de leur passage dans tous les villages de la Bresse Chalonnaise qui s'étaient trouvés sur leur route, arrivèrent le 17 août en vue de Verdun. M. Jeandet fait de leur marche un tableau saisissant : « Les Verdunois étaient avertis de l'approche de l'ennemi par la lueur de l'incendie des villages qu'il avait traversés, par le son lugubre du tocsin qui jetait dans l'air son cri d'alarme, par le bruit sourd de la mousqueterie des combats inégaux que les paysans livraient, enfin par les fuyards et les blessés qui venaient se réfugier à Verdun. »

Lamboy s'empara de Ciel et fit passer au fil de l'épée les malheureux habitants qui s'étaient réfugiés au clocher et qui en étaient sortis sur la promesse de la vie.

La petite ville était sans défense. Le matin du 18 août, Lamboy envoya un tambour pour sommer les habitants de se rendre à l'empereur. Un refus énergique fut leur réponse. Sur ces entrefaites, un guetteur les ayant averti que les ennemis se disposaient à forcer par trois côtés le faubourg qu'ils défendaient alors, ils regagnèrent la ville par le pont de bois, après avoir enlevé le tablier et coupé une arche. Ils répondirent à une troisième sommation, en tuant d'un coup de mousquet le tambour qui la leur faisait et repoussèrent victorieusement les Impériaux qui attaquaient la porte. Enfin, après une quatrième sommation, voyant la lutte impossible, ils demandèrent et obtinrent une capitulation honorable, par laquelle l'ennemi s'engageait « à s'abstenir de pillage, de toute violence, et à vivre en ami. » Ainsi le 25 juin 1815, le général Barbanègne, suivi de ses cinquante-deux soldats, sortait de Huningue avec les honneurs de la guerre.

Lamboy, dit un écrivain Bourguignon, ne trouvant qu'un petit nombre de citoyens dans la place, s'étonna de la hardiesse de la résistance. Leur héroïsme, en effet, était surhumain; ils étaient à peine cinquante hommes contre douze mille assiégeants. « Il appartient seulement, dit M. Abel Jeandet, à des citoyens qui défendent le sol aimé de leur patrie, où est l'arche sacrée de leurs franchises et de leurs droits civiques, de soutenir des combats d'un contre deux cents. »

L'an dernier, en racontant dans une conférence publique le siége de Saint-Jean-de-Losne, nous avons eu l'occasion que nous saisissons de nouveau avec joie, de glorifier ces martyrs de la patrie dont le grand exemple éveille dans l'âme une légitime admiration. Nous devons remercier l'auteur qui remet devant nos yeux avec tant d'éclat ces bourgeois magnanimes oubliés par l'histoire dédaigneuse des sublimes dévouements du peuple. Et pourtant, pendant que les Verdunois, comme plus tard les Losnois s'apprêtaient à mourir dans leur stoïque patriotisme, ils étaient abandonnés par le gouverneur de la province, le prince de Condé, à qui l'histoire officielle a réservé ses louanges. M. Abel Jeandet a fort bien montré les indécisions de Richelieu lui-même et l'incapacité de Henri II de Bourbon, ce prince médiocre entre deux grands hommes, son père et son fils, comme Louis XIII entre Henri IV et Louis XIV.

Voici comme Lamboy tint sa promesse. Il traita en ville prise d'assaut Verdun qui fut livrée aux flammes et pillée pendant neuf jours. Ses héroïques défenseurs durent payer encore cinq cents écus, et vingt d'entre eux, choisis parmi les plus notables, emmenés prisonniers par les vainqueurs, furent égorgés faute d'avoir pu payer la rançon particulière qu'on espérait tirer d'eux. On mit à feu et à sang tous les environs, Allerey, Navilly, Frontenard, Longepierre, Pontoux, etc. Le beau château de Bragny, où était mort au commencement du siècle Pontus de Thiard, devint la proie des flammes, avec ses objets d'art précieux, sa bibliothèque et ses métairies. Le pays entier retentissait d'une immense et douloureuse clameur.

Moins de deux siècles et demi nous séparent de ces horreurs, on voudrait pour l'honneur de la civilisation pouvoir les faire remonter jusqu'aux époques les plus barbares, mais comme la vérité, l'histoire est inflexible, et trente-huit ans plus tard, elle nous montrera Turenne incendiant le Palatinat.

Voilà quelles ruines l'ennemi laissait derrière lui et pour suprême calamité, la peste hideuse vint décimer ceux que la guerre et la misère avaient épargnés.

Dans la livraison de la *Revue des Provinces* du 15 novembre, M. Abel Jeandet a fait de ce fléau un tableau complet et terrible au point de vue de l'histoire et de la science.

« En Franche-Comté, on déterra le bétail à demi pourri, afin de s'en nourrir ; on servit de la chair de cheval sur la table du duc Charles de Lorraine, et les soldats allèrent jusqu'à ronger de vieux chevaux morts depuis longtemps.... on mangea de la chair humaine!!! »

Les odieux souvenirs de cette invasion durèrent longtemps parmi nos populations, et le nom des chefs ennemis, devenus proverbes, furent voués à l'exécration. Dante dit que le pain de l'étranger est amer. Une chose bien plus amère encore, c'est de voir l'étranger fouler en maitre le sol de la patrie et manger notre pain. Nous en appelons à tous ceux qui ont vu l'invasion relativement bénigne des troupes alliées en 1814.

Ces malheurs eussent été ceux de la Province entière, si le courage des habitants de Verdun et de Saint-Jean-de-Losne n'eût arrêté et découragé l'ennemi qui recula.

« La France, dans ce moment critique, dut son salut plutôt à l'inhabileté de ses adversaires qu'à la capacité de ses chefs civils et militaires qui l'eussent perdue, si les populations de la Bourgogne ne se fussent pas sacrifiées pour réparer les fautes du gouverneur et de ses lieutenants. »

M. Alph. Feillet, le remarquable auteur de la *Misère au temps de la Fronde*, a proclamé cette vérité : Verdun a sauvé la Bourgogne, Saint-Jean-de-Losne a sauvé la France !

Ce sujet est certainement l'un des plus intéressants qui aient pu tenter un écrivain Bourguignon, et ce qui fait à mes yeux le mérite de ces pages, c'est qu'on y respire l'enthousiasme d'une âme élevée et chaleureuse. On voit que M. Abel Jeandet a senti toutes ces émotions généreuses ou poignantes qu'il nous traduit dans son récit palpitant. Il faut avoir vécu pour ainsi dire avec les personnages dont on évoque la mémoire et souffert de leurs souffrances. Il faut que les entrailles aient frémi de pitié et le cœur d'indignation pour que la plume trouve ces expressions que l'art seul ne saurait inspirer.

M. Abel Jeandet est allé puiser aux sources vives de l'histoire, il a interrogé et cité, avec une préférence bien justifiée, des mémoires particuliers du temps, tels que ceux de Pullot, procureur au parlement de Dijon, et du curé de

Pierre, Pontus Pyot. Ce sont en effet les manuscrits des citoyens mêlés aux événements qui peuvent faire connaître le mieux l'histoire, et le sort des classes moyennes et des classes rurales qui sont en quelque sorte l'élément vital de la patrie, comme suffiraient à le prouver les grands événements que nous venons de rappeler.

L'auteur des *Annales de Verdun* sait donner à son histoire une physionomie vivante, en y encadrant à propos, un médaillon, un portrait, en rapportant de temps en temps une lettre, un document inédit. Ainsi les générations mortes semblent se lever et marcher au signe de l'écrivain.

Nous signalerons entre autres portraits, celui du duc de Biron extrait d'un manuscrit inédit des mémoires de Pullot dont nous parlions tout à l'heure et qui appartient à M. le comte Edouard de La Loyère.

Ces quelques lignes font mieux connaître le conspirateur que cent pages d'un récit méthodique. Elles nous montrent la violente et forte nature de cet homme d'épée qui cinq siècles auparavant aurait pu conquérir un royaume et qui mourut sur un échafaud.

Les portraits de Lamboy et de Forgatz, ces deux chefs Impériaux, sont burinés d'une main nette et ferme qui met en relief leur farouche physionomie. On dirait de ces chefs cosaques dont se souviennent nos pères.

La lettre du duc de Bellegarde à Louis XIII est un

monument de cette courtisanerie à outrance qui voile volontairement au souverain les misères de son règne pour ne lui en montrer que le prestige menteur. Dans le temps même que la Bourgogne saigne encore de toutes les blessures que lui ont faites les guerres de la Ligue et les maux sans nombre qui les ont suivis, cet homme écrira :

« Sire,

» Ceste province jouist d'un sy grant repos que nous n'y avons poinct d'austre occupation qu'à apprendre les progrès de vos armes qui ravissent tous vos serviteurs de joie et d'estonnement tout ensemble, de voir comme Dieu bénist vos desseins, ce qui fait espérer qu'il rangera bientost tous les rebelles de cet estat dans l'obéissance qu'ils doivent à vostre Majesté.

» Vostre très humble et très obéissant subject, et très fidelle serviteur

» ROGER DE BELLEGARDE. »

De Dijon, ce 7e septembre 1621.

Citons encore un billet intime du maréchal d'Hocquincourt, et le cri de détresse poussé par le bourgeois de Cuiseaux, Humbert Fornier. Prisonnier du baron de Clinchamp, avec ses treize compagnons, ils devaient dans douze jours donner vingt mille livres de rançon sous peine d'être mis à mort. Cette prière suprême fut entendue par le généreux seigneur de Pierre, Claude Bouton, à qui elle était adressée et qui fournit l'argent demandé. Cette pièce signée des quatorze suppliants, conservée par M. Abel Jeandet dans sa précieuse collection Bourguignonne, est, comme il le dit lui-même, une véritable relique.

L'extrait du testament du curé d'Allerey, Lebeault, est encore une page des plus intéressantes: l'ardeur charitable de cette âme évangélique parmi les angoisses du récit, rafraîchit l'âme.

Il faudrait soi-même, avoir abordé l'histoire pour apprécier à leur valeur l'exactitude et la rigueur des preuves que M. Jeandet apporte à son œuvre. Le lecteur ne peut s'imaginer ce qu'une page a souvent coûté de recherches, d'investigations et de contrôle. Il est si difficile de faire prévaloir la vérité, quand l'erreur, sinon la mauvaise foi, s'est glissée dans l'histoire et l'a envahie, comme les mauvaises herbes infectent un champ, dont on ne peut presque plus les arracher.

Les archives de Dijon, de Chalon, de Beaune, les minutes des notaires, les registres de l'Etat civil, les enquêtes, les remontrances, il a tout compulsé et tout examiné, avec l'ardeur de la curiosité et la sagacité du critique.

Le style de ces annales est chaud, coloré, plein de mouvement et de vigueur, sans que la justesse ni la précision aient à en souffrir. C'est comme une belle étoffe aux amples draperies, fermes et souples à la fois. On y voit éclater dans toute sa force la faculté maîtresse de l'auteur, la vivacité d'une émotion communicative.

Nous félicitons hautement la *Revue des Provinces* d'avoir publié ces beaux fragments d'une belle œuvre. Elle a honoré son recueil et prouvé qu'elle est fidèle à son programme d'émancipation de la pensée provinciale. Ces fragments, les seuls que nous connaissons, font d'avance juger de la valeur du livre dont nous appelons l'apparition de tous nos vœux. L'intérêt qui s'y attache n'est pas seulement local et provincial, il est de nature à toucher la France entière. Pour le soin de la forme, pour l'exactitude historique, pour l'enseignement moral, il serait à désirer que ce volume et de semblables, fussent achetés par toutes les bibliothèques de France.

JULES **GUILLEMIN**,

Secrétaire de la Société d'Histoire et d'Archéologie
de Chalon-sur-Saône, Correspondant de
l'Académie de Mâcon, etc.

CHALON S. S., IMP. SORDET-MONTALAN.

9 782329 628172